美人魚上學趣

思做達手冊

孟瑛如、陳惠珠　著

U0065236

心理出版社

本學習手冊可單獨添購
意者請洽本公司

作者簡介

孟瑛如

新竹教育大學特殊教育學系教授。
希望「融合之愛系列」繪本能讓大
家看見孩子的特殊學習需求，讓孩
子可以做最好的自己。

陳惠珠

桃園市楊光國民中小學特教組長。
熱愛特殊教育教學工作，期待透過
《美人魚上學趣》繪本分享自己的
教學，並幫助更多人了解因口語表
達困難所造成的適應障礙。

目 錄

編輯緣由

在特殊教育教學的旅程中，筆者（陳惠珠）遇過各類型的特殊兒童，印象最深刻的是一位要上小一，但尚無口語能力造成她適應障礙的小女孩，她都是用哭鬧來表達她的情緒。

猶記第一次見到她時，筆者在諮商室為她進行相關入學鑑定測驗，不知為什麼她開始哭鬧，在外等待的媽媽趕緊衝進諮商室想要幫忙，但我們告知媽媽在外等候即可，老師們會處理。我們想盡各種方法安撫她的情緒，她始終不停的哭鬧，但會將我們給她的拼圖（八至十片）很快的完成。後來陸續換了不同的拼圖給她都能很快拼完，不過哭鬧仍未停止，直到我們從櫃子拿出「青蛙變王子」的布偶讓她玩，她才止住持續約 15 分鐘的哭鬧。

小女孩因為無口語能力，所以在智力及相關評量上的能力容易被低估，媽媽也堅持要求孩子需安置於普通班接受資源班服務，經評估以「最少限制」的理念，這個小女孩成為筆者資源班的學生，展開了一段師生之緣。小女孩在普通班幾乎天天哭鬧，讓導師相當頭痛，經過校內的個案會議後，筆者請班導師給她及班上孩子一年的時間，等一年後再評估是否要轉安置。

在這一年中，我們搜尋語言障礙的相關資料，也以同理心去思考，如果一個人「有口難言」，會是一件多麼痛苦的事！所以我們想了又想，嘗試可以替代口語溝通的方法，從圖卡溝通到字卡溝通等過程，發現最適合的方式是字卡溝通，所以為小女孩設計了「我的溝通小書」來表達自己的需求。有了溝通的管道，再加上語言治療介入後，我們觀察她哭鬧的次數漸漸減少，到最後幾乎不再用哭鬧來表達。藉此，我們希望將自己的教學經驗，透過《美人魚上學趣》這本繪本，讓更多人了解「有口難言之苦」及接受多元溝通方式的必要性。也希望老師及家長們能藉由這本手冊的協助，在第一時間真正動手做，欣賞杜威所謂「從做中學」，故而將繪本《美人魚上學趣》之教師、家長及學生手冊取名為「思做達手冊」，希望大家一起由做中學，探索無盡的教學與學習樂趣。

思做達手冊使用說明

老師可在學校的閱讀課或綜合活動課讓班上同學共讀《美人魚上學趣》這本繪本，家長則可利用親子共讀活動來引導孩子讀此繪本。此繪本的主角美人魚無法說話，所以都用哭鬧的方式來表達自己的需求，還好由於長頸鹿老師及同學的了解、同理、包容、接納，才能找到除了說話之外其他不同的溝通方式。

為了落實融合教育的成效，除了透過繪本，另設計本手冊，依不同對象的使用需求，設計引導單，其對象可分為：普通班老師、家長，以及學生。希望透過思做達手冊，能讓更多人能認識因口語表達困難造成的適應障礙，並知道如何與他們相處。

引導單的使用對象／目標

1. **普通班教師**：老師可利用相關表單初步蒐集學生資料，並透過親師活動、體驗活動及教室觀察等，找出最適宜的教學策略。

2. **家長**：教育要成功，親師合作是相當重要的，學校老師可透過家長提供的資訊，認識孩子的特殊需求，為孩子提供適合的輔導方法，同時也能提供家長如何幫助孩子適應新環境及新同學的方法。

3. **學生**：希望孩子能更加認識自己、能以文字或口述方式進行自我介紹，說明自己的特質，得到同儕的認同與包容。無口語能力的孩子遭遇問題時常哭鬧，教導孩子能以較合宜的方式來表達。在同儕的部分，透過宣導方式認識班上特殊需求的同學，經認識及體驗活動方式，讓同儕練習換個角度看待班上有特殊需求的同學，進而知道如何與其相處。

另外，亦針對特教行政、特教／輔導老師提供相關工作提醒單，希望透過本手冊幫助融合教育的推行更順利、更成功。

思做達手冊架構表

美人魚上學趣：思做達手冊	
編輯緣由	因為曾教過一個無口語能力只會用哭鬧來表達的小女孩，在教學的過程中，我們用「同理心」去理解她，把她假想成是一個失去聲音的美人魚，幫助她找到可行的不同溝通方式，讓她可以重拾快樂的笑容。也希望更多人能了解因口語表達造成適應障礙的孩子，讓我們可以接受更多元的溝通方式。
使用說明	以繪本故事介紹無口語能力的學生，並呈現無口語能力者在生活上遭遇的困難。希望透過繪本及思做達手冊讓普通班老師、家長、特教／輔導老師、特教行政人員及學生認識與同理語言障礙者，並能採取合宜的方式與之相處，以協助無口語能力者用其他方式與人溝通及表達自己的需求。本手冊的使用對象有： 1. 普通班老師：以簡單表單初步蒐集學生資料、彙整資料、宣導認識語言障礙、如何尋求支援、與孩子相處之道及後續追蹤。 2. 家長：可由家長處得知哪些資訊、家長可於何處尋求支援及回饋。 3. 學生：能以文字或口述方式進行自我介紹，並透過實際生活體驗更懂得珍惜自己及接納他人。
繪本內容概述	一個無口語能力的孩子因為無法說出自己的想法，所以常用哭鬧來表達自己的情緒。還好透過普通班老師了解、認識、接納、同理的引導，找到適合的溝通方式，讓主角人物及班上的同學認識哭鬧不是很好的溝通方式，並知道溝通可以有很多方式。

引導單					
使用對象	老師【T】		家長【P】	學生【S】	
內容	了解學生（問卷資料）（T-1）	與電影共舞（T-8）	我的寶貝（P-1）	自我介紹（S-1）	助人快樂（S-8）
	親師合作（T-2）	行為觀察（T-9）	給老師的一封信（P-2）	認識自己（S-2）	體驗活動（S-9）
	特教加油站（T-3）	愛的表現（T-10）	給同學的一封信（P-3）	幸福園地（S-3）	名人故事（S-10）
	諮詢專線（T-4）	追蹤輔導（T-11）	家長闖關（P-4）	幸福臉譜（S-4）	獨一無二（S-11）
	蒐集資料（T-5、T-6、T-7）			幫幫我（S-5）	我會做到（S-12）
				我有話要說（S-6）	愛的宣言（S-13）
				舉一反三（S-7）	相親相愛（S-14、15、16、17、18）

註：表格內的編號即為引導單之編號。

融合教育思做達

普通班教師

　　若教師因為要教到特殊需求學生而感到焦慮不安，這裡提供一些方法可供教師參考，在共同的融合教育理念之下，老師、學生及家長都是贏家。

了解、認識階段	參考思做達手冊
1. 以電話或書面資料與家長聯繫，先了解學生。	T-1
2. 親師合作。	T-2
3. 特教加油站。	T-3
4. 諮詢專線。	T-4
5. 蒐集語言障礙或無口語能力相關資料。	T-5、T-6、T-7
6. 參與轉銜輔導會議。	
7. 參與個別化教育計畫期初擬定會議。	

同理、包容階段	參考思做達手冊
1. 與電影共舞。	T-8
2. 以「同理心」了解學生特殊行為原因，非不為也，而是不能也。	
3. 不停的反思我真的了解他嗎？還是我以為了解他？	
4. 切記「給他魚吃，不如教他如何釣魚」，不要過度同情而剝奪其學習的機會。	
5. 認識班上學生。	

教導、接納階段	參考思做達手冊
1. 讓同班同學認識班上的特殊生。	
2. 舉行班親會——讓家長們認識班上的特殊生。	
3. 舉辦體驗活動，讓孩子學習到「將心比心」。	
4. 安排小天使輪流與特殊生相處。	
5. 申請專業團隊——語言治療到校服務。	
6. 與特教老師討論使用一致的教導策略。	
7. 無口語能力，評估其他溝通方式或輔具使用的可能性。	
8. 舉辦身心障礙體驗活動。	
9. 相關影片欣賞。	
10. 相關繪本欣賞或親子共讀。	
11. 行為觀察紀錄。	T-9
12. 獎勵「愛」的表現。	T-10
13. 參與個別化教育計畫期末檢討會議及個別化教育計畫下學期期初擬定會議。	
14. 善用家庭聯絡簿。	
15. 追蹤輔導。	T-11

家長

融合教育的成功，是需要家長一同配合參與的，以下提供一些方法，大家一起努力，共創老師、學生及家長三贏的局面。

入學前	參考思做達手冊
1. 多帶孩子到學校，認識學校環境。	T-2
2. 可先帶孩子認識班導師及讓老師認識孩子。	P-1
3. 給老師的一封信。	P-2
4. 給同學的一封信。	P-3
5. 參與轉銜輔導會議。	
6. 參與個別化教育計畫期初擬定會議。	
7. 報名及陪同孩子參加入學準備班。	
入學後	**參考思做達手冊**
1. 認識學校環境及師長。	P-4
2. 認識班上同學，協助孩子認識同儕。	
3. 協助孩子與班上同學建立良好關係。	
4. 感恩慶生會（孩子生日時）。	
5. 參加親職教育日活動。	
6. 參與專業團隊——語言治療到校服務。	
7. 配合學校老師一致教導策略。	
8. 參與輔具評估的可行性。	
9. 參與個別化教育計畫期末檢討會議及個別化教育計畫下學期期初擬定會議。	

學生

　　此一部分是針對學生所設計的引導單，老師可請學生完成。透過這些引導單，讓學生能更認識學校環境、學校老師、班上同學及知道如何去幫助別人，亦可讓老師更了解班上的學生。

開學前	參考思做達手冊
1. 可多與家中大人到即將就讀的學校走動，認識學校環境及廁所的使用。	
2. 先準備自我介紹相關內容。	S-1
入學後	參考思做達手冊
1. 認識自己引導單	S-2
2. 幸福園地	S-3
3. 幸福臉譜	S-4
4. 幫幫我引導單	S-5
5. 我有話要說引導單	S-6
6. 舉一反三引導單	S-7
7. 助人快樂引導單	S-8
8. 體驗活動引導單	S-9
9. 名人故事	S-10
10. 獨一無二引導單	S-11
11. 我會做到引導單	S-12
12. 愛的宣言引導單	S-13
13. 相親相愛引導單	S-14、S-15、S-16、S-17、S-18

特教行政

　　學校特殊教育工作成功與否，特教行政人員扮演著極重要的角色，因為行政人員是特殊教育工作的「領頭羊」，以下方法能落實「行政支持教學」，達到「老師可以教得快樂，學生可以學得快樂」的目標。

入學前
1. 跨階段轉銜資料接收。
2. 依照教育部 2015 年發布的《高級中等以下學校身心障礙學生就讀普通班減少班級人數或提供人力資源與協助辦法》安排適性導師及調整班級人數。
3. 通知前一階段──幼兒園代表、家長、普通班老師、特教老師、行政人員代表或其他專業人員召開轉銜輔導會議（轉學生或換導師亦須召開轉銜輔導會議）。
4. 生心理無障礙環境評估，例如：教室位置安排或無障礙評量之實施。
5. 教師或學生助理員申請及提供助理員服務。
6. 轉知家長入學準備班的開班及報名訊息。
入學後
1. 舉辦特教宣導、身心障礙體驗活動。
2. 舉辦特教知能研習。
3. 協助專業團隊申請。
4. 協助輔具申請。
5. 相關教科書、交通費、獎助金等補助款申請。
6. 提供親職教育研習。

特教／輔導老師

　　當特教／輔導老師收到一個特殊需求學生時，所要做的事既多又複雜，透過以下提醒，可以讓工作更順利。

開學前
1. 參考相關鑑輔會鑑定轉介資料。
2. 蒐集語言障礙或無口語能力問題的相關資料。
3. 與家長以電話或書面資料聯繫，先了解學生狀況。
4. 參與轉銜輔導會議。
5. 資源班課程安排，並知會教務處協助資源班優先排課。
6. 參與個別化教育計畫期初擬定會議。
7. 擬訂及完成個別化教育計畫。
開學後
1. 以「同理心」了解學生特殊行為原因，非不為也，而是不能也。
2. 反思我真的了解他嗎？還是我以為了解他？
3. 切記「給他魚吃，不如教他如何釣魚」，不要過度同情而剝奪其學習的機會，應讓學生享有尊嚴自主的生活。
4. 協助同學認識班上的特殊生。
5. 協助舉辦體驗活動，讓孩子學習到「將心比心」。
6. 申請專業團隊——語言治療到校服務。
7. 與導師、家長、治療師或相關專業人員討論使用一致的教學及輔導策略。
8. 評估是否須評量服務調整。
9. 針對無口語能力的問題，評估其他溝通方式或輔具使用的可能性。
10. 獎勵同學「愛」的表現。
11. 參與個別化教育計畫期末檢討會議及個別化教育計畫下學期期初擬定會議。
12. 行為觀察紀錄。

普通班教師篇

教導特殊需求學生的法寶：
溫和的堅持

了解學生

親愛的家長：

　　很高興能擔任貴子弟_____的班導師，孩子需要花一段時間來適應國小新環境，若在暑假中多帶孩子來學校認識環境，可幫助他先熟悉，將有助於未來的學習及適應。

　　為了能協助孩子儘快適應學校的團體生活，想透過以下問題來認識您的孩子，請您撥冗協助完成以下問題（可複選）：

1. 孩子與家人的關係：□親密　□和諧　□普通　□疏離　□其他_____

2. 孩子平常最聽誰的話？□父親　□母親　□祖父母　□其他_____

3. 孩子最喜歡的人是：_____　為什麼？_____

4. 什麼時候您覺得這個孩子與別人不一樣：
   當孩子_____歲時，誰最先發現的：_____

5. 孩子的行為優點為何？
   □幫忙家事　□友愛弟妹　□生活規律　□遵守規定　□樂於助人　□能理性溝通
   □認真負責　□個性敦厚　□人緣佳　　□樂觀開朗　□乖巧可愛
   □其他_____

6. 孩子在家的生活作息情形如何？□很規律　□不規律　為什麼？_____

7. 您會特別關心孩子的哪些情況？□交友　□功課　□健康　□言行舉止
   □其他_____

8. 孩子回家後會主動告知學校發生的事嗎？
   □會　內容是_____　　□不會　原因_____

9. 孩子喜歡的獎勵是什麼？_____

10. 您要給老師的提醒或建議是：
    _____

感謝您的填答，希望孩子有一個快樂學習的國小生活。

_____年_____班　導師_____

親師合作

1. 學生姓名：_____

2. 家中成員：_____

3. 主要照顧者：_____

4. 緊急聯絡人：_____

5. 可聯繫的電話：_____

6. 適合聯繫的時間：_____

7. 希望配合事項：

_____

_____

_____

_____

_____

讓大家一起為孩子的未來努力吧！

T-3 特教加油站

參考網站

1. 有愛無礙 www.dale.nhcue.edu.tw/

2. 阿寶的天空——教育部國民及學前教育署特教網路中心

   www.aide.gov.tw/releaseRedirect.do?pageID=425&unitID=1

3. 特殊教育——國語日報社網站 www.mdnkids.com/specialeducation/

4. 真愛無礙特教資源網 w3.naer.edu.tw/longlife/newsite/news.htm

諮詢專線

服務對象：高中職、國中小學、幼兒園特殊教育教師、行政人員、教保人員、特殊學生及家長。

服務內容：

1. 特殊兒童之鑑定、就學及心理輔導。
2. 特殊教育法規與殘障福利法之諮詢。
3. 特殊個案之輔導諮詢及追蹤研究。
4. 特殊學生家長親職教育問題。
5. 特殊教育教學實務問題。
6. 其他有關特殊教育事項之辦理。

臺灣師範大學特教中心（02）77345099
彰化師範大學特教中心（04）7255802 或（04）7232105 分機 2415
臺北市立大學特教中心（02）23113040 分機 4133
臺北教育大學特教中心（02）27366755
新竹教育大學特教中心（03）5257055
臺中教育大學特教中心（04）22183392
嘉義大學特教中心（05）2263645
台南大學特教中心（06）2136191
高雄師範大學特教中心（07）7132391
屏東大學特教中心（08）7224345
東華大學特教中心（03）8635999
台東大學特教中心（089）517756
中原大學特教中心（03）2656781、0809002233

　　語言是人與人溝通和表達感情最重要的方式之一，所謂的「語言障礙」就是說話不清楚，引起別人注意和令人感覺不舒服，造成個案在表達、人際互動、溝通方面產生挫折和困難，進而影響其適應障礙。在特殊教育方案中，其語言矯治的課程設計原則包括：

1. 醫療介入優先：各類語言障礙若為器質性因素所引起，或需經過治療加以診治者，應先請有關醫生、復健、語言、聽能或心理等專業人員加以診治後，再施以語言訓練或特殊教育課程。

2. 親職教育：父母的語言模式、管教態度、生活習慣、文化刺激及接納態度，均會影響兒童的語言發展與語言矯治。所以，語障兒童之父母，應接受定期或不定期的親職教育。

3. 口腔動作訓練：包括雙唇、舌頭、下顎等言語運動器官動作訓練，呼吸與發聲的協調，輪替動作與整體口腔動作的訓練。

4. 構音訓練：包括辨音訓練、單音訓練、語詞和短句的訓練等。

5. 認知能力與語言理解能力訓練：認知課程設計，包括指認物品、分類與歸納概念訓練，以及聽指令做動作等訓練。

6. 口語表達能力訓練：包括流暢度訓練、正確發聲訓練、音聲衛教、語彙與短句之拓展及溝通效度訓練。

7. 語文訓練：對於語言發展遲緩、自閉症、聽覺障礙、智能障礙、學習障礙、腦性麻痺等個案，需同時加強語彙及閱讀與寫作能力之訓練。

8. 行為矯治與心理治療：對於有情緒行為障礙合併語言障礙問題等兒童，應在正向支持架構下，施以心理輔導或行為輔導。

9. 個別指導與團體輔導：對於語言障礙之個案，可施予個別治療以矯正其缺陷；也可以團體輔導方式來提昇其語言能力，以拓展人際關係、學習社會行為、增加學習動機、減少心理壓力等。

10. 以功能性語言訓練為重點：身心障礙兒童的語言訓練，以日常生活最需要及最實用的語言內容為重點，與生命安全有關的語彙或符號、信號、標誌等，應列為優先學習的重點。

如何幫助語言障礙學生

　　目前語言障礙學生大多在普通班就讀，有部分學生會在資源班接受語言障礙問題的矯治教學或語文領域教學，或是在課後至各大醫療機構接受語言治療。其實，在一般語言情境中與一般孩子學習語言，對語言障礙的學生而言亦是相當重要的，透過一些方法的訓練及矯治，將會幫助這類語言障礙學生改善其表達、溝通及人際互動等適應問題。因此普通班教師除可提供一般孩子的語言學習機會外，還可注意下列幾項策略：

1. 溝通教學課程兼採自然及結構教學法。
2. 善用數位產品，製作教材。
3. 運用多重感官教學。
4. 運用引導語句教學。
5. 提示後請學生用自己的話把提示再說一遍，以確定他懂。
6. 每次新的學習都要與舊的學習產生連結。
7. 先讓學生敘述事件，了解其表達重點。
8. 設計口腔訓練活動。
9. 多讓學生唱歌。
10. 提供重複、過度練習的機會。
11. 輔具的使用包括溝通簿、溝通板、電子溝通儀器或電腦設備等。

教學實務分享

資源班教師　陳惠珠

　　鑑輔會曾轉介一位一年級新生小可（化名）到本校資源班就讀，她所持的手冊是語言障礙。小可無口語能力，經常以大哭大鬧的方式來表達情緒，令普通班導師相當頭痛，故普通班導師建議小可能重新安置於啟智班。我們多次與導師溝通「零拒絕」及「最少限制」的觀念，並說明特殊兒童適應新環境所要花的時間總是比一般兒童還要長，也讓他們了解無口語能力並不代表就是智力低下。在不斷與普通班導師溝通後，小可才可在普通班繼續就讀。

　　小可的基本資料及其相關教學策略和訓練如下。

基本資料

　　父母親皆忙於工作，家中只有小可一個孩子，父母對她相當寵愛，小可也很喜歡向父母撒嬌。小可經常很晚才睡覺，早上到校後都沒有精神，常趴在桌上睡覺。

行為觀察

　　挑食，很多食物都不吃，如雞塊、雞翅等。經常會吸吮大拇指，衛生習慣差。喜歡聞東西的味道及用手指彈紙張聽發出的聲音。體力相當好，但很少主動與他人互動，在提醒下會向人搖手並說出「bye bye」來表示再見。生氣時，會清楚說出「不要」的音。

　　上課時想做什麼就做什麼，老師制止她，她會「伊啊伊啊」發出不耐煩的聲音。嚴重時會哭鬧，不斷跳腳及以屁股用力在椅子上下跳，哭的聲音很大聲，隔壁好幾班都聽得到，最久可以持續將近 30 分鐘，哭累了就趴在桌上睡覺。

　　可以聽得懂簡單的指令，如「丟垃圾」、「不可以」、「進教室」等，可指認五官。目前尚無口語溝通能力，會拉著別人的手指認字卡或圖卡，可跟著唸，但發音不正確，學習意願強烈。會握筆描紅及畫簡單線條。不喜歡別人的協助，可獨立完成很多事，如完成 12 片的拼圖、拿出聯絡簿、會收拾書包、幫老師收拾上課所使用的教材及教具。會指認自己的名字。喜歡參與團體的活動，但不會主動與他人互動。

教導策略

1. 首先觀察小可在學校是否可以分辨危險情境與場所？在觀察一個月後，發現小可知道如何避開危險，便讓她下課時可以自行到操場玩耍，不給予過多協助。小可哭鬧時會用力跳腳，以屁股用力在座位上彈跳，並大聲哭叫，經過約一個月觀察，發現小可在哭鬧時雖然會用力跳腳，但仍知道控制，不會因此而受傷。

2. 在觀察中發現小可喜歡盪鞦韆，故以盪鞦韆為增強來訓練小可上課的常規。當上課沒有哭鬧時，便提早2～3分鐘下課，讓小可可以去操場盪鞦韆。

3. 記錄小可整天的情緒表現，包括何時哭鬧、哭鬧持續時間、哭鬧的前因、哭鬧的強度及頻率等，以利做問題行為分析及輔導策略介入。記錄者包括小可媽媽、安親班老師、普通班老師及資源班老師。

4. 在個別化教育計畫擬定會議時，參與人員共同擬定出小可在普通班哭鬧時處理的原則，當小可在普通班哭鬧時，資源班老師會優先到普通班協助處理。

情緒控制訓練

1. 以同理心來理解小可，因為無口語，所以較難控制情緒。

2. 告知小可要忍住哭泣，如果哭，會給予視覺提示，出現一張生氣的臉（以簡單線條來表示），讓小可學習控制情緒。

3. 猜測她可能哭鬧的原因，幫她說出來。

4. 當她想以哭鬧獲得她想要的東西或活動時，決不輕易妥協，告訴她哭是沒有用的，同時希望她能發展其他溝通方式，經過幾次堅持，她也從中學到哭是無法與人溝通的。

5. 當她在某一個情境中，幫她說出她可能要表達的話，再盡可能要求她用多元溝通方式做確認。

6. 以溝通卡（字卡）來表達自己的需求，如「肚子餓」、「不舒服」、「想睡覺」、「喝水」、「上廁所」等。

溝通教材與教法

1. 製作日常生活溝通字卡，如「盪鞦韆」、「喝水」、「上廁所」、「洗手」等，發現小可很快就會指認「盪鞦韆」字卡。依照孩子的能力來設計溝通卡，以文字為主，圖畫為輔。

2. 利用小可日常生活照片及在學校上課情境照片來編寫溝通教材，如「這是我的同學〇〇〇」、「這是資源班」、「小可上樓梯」等。

3. 製作溝通本，將日常生活中可能會用到的句子製作成一本精美的溝通本，如「我要吃糖果」、「我要去盪鞦韆」、「我要拼圖」等。

4. 製造不同的情境，讓她練習說話，如「借我筆」、「給我」、「謝謝」、「我要去資源班上課」、「再見」、「借我玩好嗎」等。

5. 要求小可上課要把國語課本拿出來，帶著她用手指指著課文跟著老師唸，她會跟著發出簡單的音，如「花」、「我」、「筆」、「眼睛」等。

發音訓練

1. 在訓練發音時，將脣形誇大，並放慢速度，讓小可能模仿老師的脣形來發音，發音教材以日常生活常用語為主，並輔以注音符號發音練習。

2. 模仿動物叫聲，如小貓叫、小狗叫、小鳥叫等。

親師溝通

1. 與小可母親透過電話及聯絡簿聯繫，了解小可入學前的行為及目前在家中的表現。

2. 拜訪幼兒園時的老師，了解在幼兒園時的情緒及行為。

3. 拜訪目前就讀的安親班，了解在安親班的情緒及行為。

其它

1. 在晨會時向全校老師宣導語言障礙的特徵及教學輔導方式，讓老師們了解小可為什麼哭鬧，希望大家一起來協助小可。

2. 安排助理教師入班，給予普通班老師及資源班老師協助。

3. 安排專業團隊介入，如語言治療及溝通訓練。

4. 喜歡吃科學麵，可以將其當增強物。

5. 訓練以溝通卡來與他人溝通。

6. 做全天性的觀察紀錄，包含學校、安親班、家裡不同情境等，以利行為問題分析。

7. 使用溝通板來訓練表達。

　　經過兩年多的訓練及教導，發現小可會利用溝通卡來溝通後，情緒明顯改善許多，哭鬧的強度及出現頻率都銳減。她已經可以安靜坐在位子上課，也會主動拉著資源班老師的手指指著課文，要老師唸給她聽，會跟著唸但發音仍不正確。經過評量也發現小可對學過的字大都可以指認，雖然小可目前尚無發展主動性語言，但看見她在情緒控制上的改進，讓筆者的信心大增，未來教學可再多利用電子產品來幫助及啟發小可說話的潛能。在多元的社會裡，大家要包容、接納不同的溝通方式，相信小可的明天一定會更好。

T-8　與電影共舞

　　一般學生通常很難去「同理」特殊需求學生，老師平常的叨唸與提醒很容易在孩子耳邊隨風而逝，無法撼動到孩子的內心。電影卻意外能提供孩子「同理」的深刻情境，因為電影描繪一個完整的故事，配合聲光效果，情緒醞釀得夠久、夠深，能幫助一般學生了解特殊需求學生不為人知的心路曲折與困難所在，也讓特殊需求學生能跳脫自己的角度，覺察到平常行為對別人的影響。許多電影中都有特殊需求人士，因其稀少性及違常性而更具戲劇張力，以下列舉幾部電影簡介做為參考。

片名	類別	簡介
王者之聲：宣戰時刻	語言障礙	重現英國歷史中激勵人心的喬治六世事蹟。患有語言障礙的國王，經過獨特的治療師訓練，發表史上最觸動人心的經典演說。
逆光飛翔	視覺障礙	兩顆平行的心，卻望見彼此身後的逆光！眼盲的裕翔遇見愛跳舞的小潔，他們填補彼此遺失的力量，就算夢想遙不可及，也不再是獨自面對。他們引領我們如何朝著夢想，邁開步伐，逆光而行！
聽見天堂	視覺障礙	從小失明的孩子，如何成為聞名全歐洲的聲音剪接師？真實故事改編，真摯動人，其中視障孩子的創意廣播劇之呈現，讓人如沐春風。
走出寂靜	聽覺障礙	描述聾啞家庭倫理親情的電影，有一種寧靜的美，題材沉重卻有不少的幽默筆觸，效果相當動人。其中父女二人在窗前傾聽「下雪的聲音」一幕，和父親最後出其不意地出現觀看女兒第一次登台，並且用手語告訴拉拉「他聽到了音樂聲」的壓軸高潮令人難忘。
練習曲	聽覺障礙	一位聽障學生騎單車環臺一周的過程中所經歷的故事，並藉此記錄臺灣的地方風俗、旅遊觀光、歷史故事與社會問題。電影2007年上映後，片中對話「有些事現在不做，一輩子都不會做了」感動許多觀眾，同年暑假興起單車環島熱潮。
我的妹妹小桃子	多重障礙	一段溫馨感人的故事，道盡兄妹情誼及生命的喜樂！改編自童書，藉此機會讓學生體會身障者的生活。

片名	類別	簡介
大象男孩與機器女孩	多重障礙	以《翻滾吧！男孩》紀錄片大獲好評的導演林育賢之感人作品，訴說重度腦性麻痺的機器女孩、無法用鼻子自行呼吸的大象男孩的故事。
叫我第一名	妥瑞氏症	改編自真實故事。24 間學校拒絕了他，只剩唯一的錄取機會，他戰勝了種種的不公平，成為全美第一個當選最佳教師的妥瑞氏症患者。
阿甘正傳	智能障礙	以智商 75 的阿甘來觀看世界，透過他單純善良的個性，描繪出美國 50～90 年代的歷史，是「天生我才必有用」的最佳例證。
心中的小星星	學習障礙	印度天王明星自編自導自演的感人之作，探討印度兒童的學習障礙，誠懇細膩，配上動人音樂和可愛動畫，獲得一致好評。
小太陽的願望	情緒障礙	胡佛一家總是有著各種理不清的問題，爸爸是個不得志的講師，開課教導「如何成功」，夢想是將他的那套「要做就做大贏家」的理論出書，然而沒有出版商青睞；還有愛罵髒話的爺爺，另外還有一個一直嘗試維持家庭和諧的媽媽，和一個可愛到不行的小女孩奧莉薇，家人幫她勇敢追夢的故事。
美麗境界	情緒障礙	改編自數學天才 John Forbes Nash 的真人真事，他具有數學天分，偏偏患上思覺失調症，最後仍成為諾貝爾獎得主。
雨人	自閉症	自私的弟弟查理，發現了原來自己有一個自閉症的哥哥雷蒙，且父親將所有遺產都留給他，只留下一輛舊款轎車及玫瑰花園給查理，所以查理希望奪回遺產的故事。
馬拉松小子	自閉症	是一部韓國電影，根據一名有自閉症的馬拉松選手裴炯振之故事改編。
巧克力情緣	亞斯伯格症	8 歲的瑪麗住在墨爾本，腦子裡總是裝著不知從哪裡來的怪想法，爸爸在伯爵茶包工廠工作，她的夢想就是長大後要嫁給「伯爵」！住在小鎮上沒有朋友的她，某天從郵局的電話簿撕了一角，她寫信給紙上一個不知名的麥斯先生，想要問他滿腦子奇奇怪怪的問題。終於她接到了 44 歲愛吃巧克力、為自閉症所苦的麥斯先生回信，開始一段奇妙的筆友情緣，也改變了兩個寂寞心靈的一生。
阿蒙正傳	亞斯伯格症	患有亞斯伯格症且個性嚴謹龜毛的阿蒙，想要幫哥哥找到新女友好讓自己恢復規律的生活，此時他遇上了不按牌理出牌的珍妮佛，阿蒙捍衛自己生活秩序的計畫到底能不能實踐呢？

片名	類別	簡介
腦筋急轉彎	情緒行為障礙	主角萊莉因為父親工作的因素舉家搬遷至舊金山，正準備適應新環境時，萊莉腦中控制歡樂與憂傷的兩位腦內大臣樂樂與憂憂迷失在茫茫腦海中，大腦總部只剩下掌管憤怒、害怕與厭惡的三位幹部負責，導致本來樂觀的萊莉變成憤世忌俗的少女。樂樂與憂憂必須要盡快在複雜的腦中世界回到大腦總部，讓萊莉重拾原本快樂正常的情緒。
一公升的眼淚	肢體障礙	今年 15 歲的亞也出生於一個平凡的家庭，一家六口每天的生活雖然平淡卻很幸福快樂。從小就是好學生、乖寶寶的亞也考上了自己心儀的高中，原以為從此光輝燦爛快樂的人生正等著自己，沒想到卻患上了不治之症——脊髓小腦萎縮症。慢慢的，亞也的身體機能開始不受控制，走路無法保持平衡，經常跌倒，甚至不能好好寫字，就這樣在身體狀況持續變壞但意識上沒有任何變化的夾縫中生存。因為病情惡化，加上併發尿毒症，亞也於 1988 年 5 月 23 日病逝。
真愛奇蹟	肢體障礙	凱文和他的母親成為麥克斯的鄰居之後，使得麥克斯的生活起了重大的變化。原本長得高頭大馬的麥克斯是個自閉孤僻又有學習障礙的小孩，他永遠是同學欺負的對象，而瘦弱又患有小兒麻痺的凱文卻聰明過人，這兩個男孩一見如故，立刻成為好友。凱文和麥克斯兩人結為莫逆之交後，一起在想像的世界中，扶持正義，突破現實生活中的困頓和沮喪，但是好景不長，就在生活看似平靜順利的時候，麥克斯的殺人犯父親從監獄裡假釋出來，好不容易拋之腦後的生活夢魘，再度回來襲擊著麥克斯。

T-9

行為觀察紀錄

紀錄者：＿＿＿＿＿＿＿＿＿＿＿＿＿

時間	行為紀錄	處理方式	處理效果

獎勵卡

你很有愛心,值得獎勵喔! 愛你的老師	你很有愛心,值得獎勵喔! 愛你的老師	你很有愛心,值得獎勵喔! 愛你的老師
你很有愛心,值得獎勵喔! 愛你的老師	你很有愛心,值得獎勵喔! 愛你的老師	你很有愛心,值得獎勵喔! 愛你的老師
你很有愛心,值得獎勵喔! 愛你的老師	你很有愛心,值得獎勵喔! 愛你的老師	你很有愛心,值得獎勵喔! 愛你的老師
你很有愛心,值得獎勵喔! 愛你的老師	你很有愛心,值得獎勵喔! 愛你的老師	你很有愛心,值得獎勵喔! 愛你的老師

學校及輔導／特教老師提供支持與協助後，可進行持續追蹤，便於日後的輔導與調整。

日期：＿＿＿年＿＿＿月＿＿＿日　　　填寫人：＿＿＿＿＿＿＿＿＿＿＿＿＿＿

學生姓名：＿＿＿＿＿＿＿＿＿＿＿＿　　班級：＿＿＿＿＿＿＿＿＿＿＿＿＿＿＿

目前治療情況：□有　□沒有　　　　　醫療單位：＿＿＿＿＿＿＿＿＿＿＿＿＿

服務時間（起訖）：＿＿＿＿＿＿＿＿＿＿＿＿＿＿

接受服務內容（只需調整或輔導項目）：

目前適應狀況：

家長篇

孩子學不會時：
請鼓勵，再鼓勵！

我的寶貝

1. 寶貝的名字：_____

2. 是否曾經針對孩子發展的問題就醫過？ □有 □沒有

3. 若有，是什麼時候？_____

   醫院名稱：_____

   就醫結果：_____

4. 孩子的優勢能力是：_____

5. 你認為孩子要先加強的能力是什麼？

   _____

6. 孩子讓你最困擾的事是什麼？

   _____

7. 孩子讓你最開心的事是什麼？

   _____

8. 當孩子哭鬧時，你如何處理？

   _____

9. 還有什麼事，你認為要先告知老師的：

   _____

致教師的一封信

親愛的_____老師：

　　我們是_____的父母親，我們的孩子被_____醫院診斷為語言發展障礙。他無法說話，所以情緒起伏很大，常常會用哭鬧或動作來表達他的需求。在幼兒園比較少哭鬧，因為他會聽幼兒園_____老師的話。

　　我不懂他為什麼要哭鬧？前幾分鐘都還好好的，過一會兒便開始哭鬧；一哭可以持續20分鐘之久，哭累了就會睡著了。他很喜歡盪鞦韆，常常可以玩很久，盪得很高，非常陶醉其中。

　　煩請老師能多接納及包容他無法用口語與其他人溝通，但他很喜歡上學，喜歡和同學一起上課。生活自理方面他都可以自行處理，不需別人協助。在聽話方面，與一般同儕沒有很大差異，37個注音符號他都可以指認，但無法正確發出聲音。大部分時間可以坐在位子上，很會幫忙做事情，可以當老師的小幫手喔！

　　我知道班上的人數很多，老師較無法單獨一對一教導他，所以在課業上我沒有多大的要求，只希望他能與一般孩子互動與學習，啟發他說話的能力。若老師有任何需協助之處，請不吝告之，我們會做老師的後盾，這兩年要麻煩老師多費心了。

　　在此致上深深的感謝

　　　　敬祝

　　　　　　教安！

　　　　　　　　　　　　　　　　　　　　_____的父母　敬上

　　　　　　　　　　　　　　　　　　　　_____年_____月_____日

致同學的一封信

親愛的同學大家好：

　　我們是＿＿＿＿＿＿＿的爸爸媽媽，＿＿＿＿＿＿＿是一個語言發展遲緩的孩子，他無法說話，所以情緒起伏較大，常常會用哭鬧或動作來表達他的需求，但是他都可以聽懂別人說的話，只是無法說話而已。他的動作很快，可以自己穿衣服、上廁所、吃東西、洗手等都不需別人協助，所以各位小朋友下課時可以陪他一起玩。

　　有時我不知道他為什麼哭鬧？前幾分鐘都還好好的，過一會兒便開始哭，一哭可以持續 20 分鐘之久，哭累了就會睡著了。所以當他哭鬧時，小朋友可以先不要理他，請老師來處理，並且要聽老師的話喔！

　　你們都是很棒的小天使，希望＿＿＿＿＿＿＿能和你們相處得很愉快。在此先謝謝你們。

　　　　敬祝

　　　　　　學安！

　　　　　　　　　　　　　　　　　　　　　＿＿＿＿＿＿＿的爸爸媽媽

　　　　　　　　　　　　　　　　　　　　　＿＿＿年＿＿＿月＿＿＿日

家長闖關

親愛的家長您好：

　　孩子已開學一段時間，希望您撥空回答以下的問題，請不要問孩子答案，請自己作答，您過了幾關呢？

| 第一關 | 您的孩子就讀哪一所國小？

☺ ☹

| 第二關 | 您的孩子就讀幾年幾班？

☺ ☹

| 第三關 | 班導師是女的或男的？

☺ ☹

| 第四關 | 孩子的座號是幾號？

☺ ☹

| 第五關 | 班導師的姓名是？

☺ ☹

| 第六關 | 學校的請假專線電話是幾號？

☺ ☹

| 第七關 | 是否跟班導師做過溝通？內容是：

☺ ☹

學生篇

看我所有的，不看我所沒有的。

——黃美廉

你的相片

我的名字：_____

生日：_____

我最喜歡做的事：_____

我最喜歡的科目：_____

我最喜歡的食物：_____

我最討厭的食物：_____

我最喜歡的動物：_____

認識自己

S-2

小朋友，恭喜你進入國小就讀，為了讓老師能早一點認識你，請你與家中的大人一起完成以下的問題，這樣就能讓老師先了解你喔！

你叫什麼名字？

你有讀過幼兒園嗎？○有　○沒有
如果有，你讀過哪一所幼兒園：

什麼事會令你感到開心？

你最喜歡的人是誰？為什麼？

幸福園地

小朋友，請畫出你的學校。

_____年_____班

姓名：_____

學校名稱：_____

家長簽章：_____

S-4

幸福臉譜

小朋友，請畫出你的老師。

_____ 年 _____ 班

姓名： _____

老師的名字： _____

家長簽章： _____

幫幫我

　　小朋友，你有遇到困難嗎？如果有，把困難告訴其他人或許有人可以幫助你。以下是可以幫助你的人，你想對誰說，請你在前面 □ 打 ✔，並寫出你的困難喔！

1. □ 告訴家裡的大人：＿＿＿＿＿＿＿＿＿＿＿＿＿＿＿＿

2. □ 告訴其他的親戚：＿＿＿＿＿＿＿＿＿＿＿＿＿＿＿＿

3. □ 告訴學校的老師：＿＿＿＿＿＿＿＿＿＿＿＿＿＿＿＿

4. □ 告訴鄰居：＿＿＿＿＿＿＿＿＿＿＿＿＿＿＿＿＿＿＿

5. □ 告訴警察：＿＿＿＿＿＿＿＿＿＿＿＿＿＿＿＿＿＿＿

6. □ 告訴好朋友：＿＿＿＿＿＿＿＿＿＿＿＿＿＿＿＿＿＿

7. □ 其他：＿＿＿＿＿＿＿＿＿＿＿＿＿＿＿＿＿＿＿＿＿

我有話要說

小朋友，如果今天有一個仙女姐姐或小精靈想幫助你，你最希望他能幫助你什麼？請你寫下來或畫下來。

舉一反三

如果不能說話,你認為可以用什麼方式和別人溝通呢?

1. _____

2. _____

3. _____

4. _____

請為無法說話的同學設計一個可以幫他和別人溝通的物品或方式。

助人快樂

如果你的同學無法說話,你會如何幫助他?

1. _____

2. _____

3. _____

4. _____

你如何幫助無法說話的同學,請畫下來。

體驗活動

請你體驗半天無法說話，並把體驗後的心得寫下來：

家長的話：

名人故事

　　黃美廉是一個重度腦性麻痺患者，從小她的平衡感很差，走路歪歪扭扭，面部肌肉嚴重扭曲不協調，口又不能說話，從小就備受其他小朋友的異樣眼光與嘲笑，但她並沒有被擊倒，反而更熱情、更積極去面對，為自己創造了獨特的生命色彩，成為美國加州大學藝術博士。

　　雖然因為身體的關係，動作比別人慢許多，學習要花更多的時間，但這些困難沒有影響她，反而讓她更堅強，她曾說：「看我所有的，不看我所沒有的」。她努力在藝術領域上經營，更於 1993 年獲選「十大傑出青年」，不斷朝著自己的夢想前進。

我是富有的，我擁有 _____

_____

_____

_____

_____

_____

_____

我要好好珍惜我所擁有的。

獨一無二

　　每個人都是獨特的，在班上你最了解哪位同學？目前你對他的了解是：

他的名字：＿＿＿＿＿＿＿＿＿＿＿＿＿＿＿＿＿＿＿

他是男生還是女生：＿＿＿＿＿＿＿＿＿＿＿＿＿＿＿＿

他哪裡跟你一樣？＿＿＿＿＿＿＿＿＿＿＿＿＿＿＿＿＿

他哪裡跟你不一樣？＿＿＿＿＿＿＿＿＿＿＿＿＿＿＿＿

　　畫一畫你的同學。

我會做到

　　好的習慣是要從小養成的，以下的行為你有做到嗎？若你已經做到，那恭喜你囉！若還沒有，請從今天開始提醒自己要建立以下的行為喔！

☐ 1. 準時上課，不遲到。

☐ 2. 上課安靜，發言舉手。

☐ 3. 學習認真，作業用心。

☐ 4. 和同學相親相愛，互相幫助。

☐ 5. 對師長有禮貌。

☐ 6. 其他好的行為：_____

執行者姓名：_____

日期：_____年_____月_____日

檢核者姓名：_____

日期：_____年_____月_____日

愛的宣言

　　每個人的心中都有愛，我們可以利用下面的方法把愛傳播出去喔！相信每個人都可以成為「愛的使者」。

1. 我會細心觀察別人的需要。

2. 我會主動去幫助需要幫助的人。

3. 我會去體諒別人，多為別人著想。

4. 我不會去譏笑或欺負同學。

5. 當同學被欺負時，我會出面制止並告訴老師。

宣誓者姓名：＿＿＿＿＿＿＿＿＿＿＿＿＿

日期：＿＿＿＿＿年＿＿＿＿＿月＿＿＿＿＿日

檢核者姓名：＿＿＿＿＿＿＿＿＿＿＿＿＿

日期：＿＿＿＿＿年＿＿＿＿＿月＿＿＿＿＿日

讀書樂

　　小朋友，你可以陪伴班上有特殊需求的同學一起讀書喔！下圖請著色。

運動樂

小朋友，你可以陪伴班上有特殊需求的同學一起玩球、跑步喔！下圖請著色。

吹吹樂

小朋友，你可以陪伴班上有特殊需求的同學一起吹笛子喔！下圖請著色。

唱歌樂

　　小朋友，你可以陪伴班上有特殊需求的同學一起唱歌喔！下圖請著色。

畫畫樂

　　小朋友，你可以陪伴班上有特殊需求的同學一起畫畫喔！下圖請著色。

融合之愛系列 67014

美人魚上學趣：思做達手冊

作　　者：孟瑛如、陳惠珠

執行編輯：高碧嶸

總　編　輯：林敬堯

發　行　人：洪有義

出　版　者：心理出版社股份有限公司

地　　址：231 新北市新店區光明街 288 號 7 樓

電　　話：(02) 29150566

傳　　真：(02) 29152928

郵撥帳號：19293172 心理出版社股份有限公司

網　　址：http://www.psy.com.tw

電子信箱：psychoco@ms15.hinet.net

駐美代表：Lisa Wu（lisawu99@optonline.net）

排　版　者：龍虎電腦排版股份有限公司

印　刷　者：辰皓國際出版製作有限公司

初版一刷：2016 年 7 月

全套含繪本及學習手冊，定價：新台幣 300 元

學習手冊可單獨添購，定價：新台幣 100 元

■有著作權・侵害必究■

美人魚失去了聲音，當她遇到困難時，哭是她唯一的溝通
方式。美人魚在學校裡會發生什麼事呢？她還可以用哪些
方法與人溝通呢？

心理出版社網站
http://www.psy.com.tw

ISBN 978-986-191-727-6

00300

9789861917276

（全套含繪本及學習手冊）